Impressum
Verlag: BABADADA GmbH, Nedderfeld 112 , 22529 Hamburg
Geschäftsführer / Verlagsleitung: Harald Hof
Druck: Books on Demand GmbH, In de Tarpen 42, 22848 Norderstedt

Imprint
Publisher: BABADADA GmbH, Nedderfeld 112 , 22529 Hamburg, Germany
Managing Director / Publishing direction: Harald Hof
Print: Books on Demand GmbH, In de Tarpen 42, 22848 Norderstedt, Germany

ysgol
duɗal

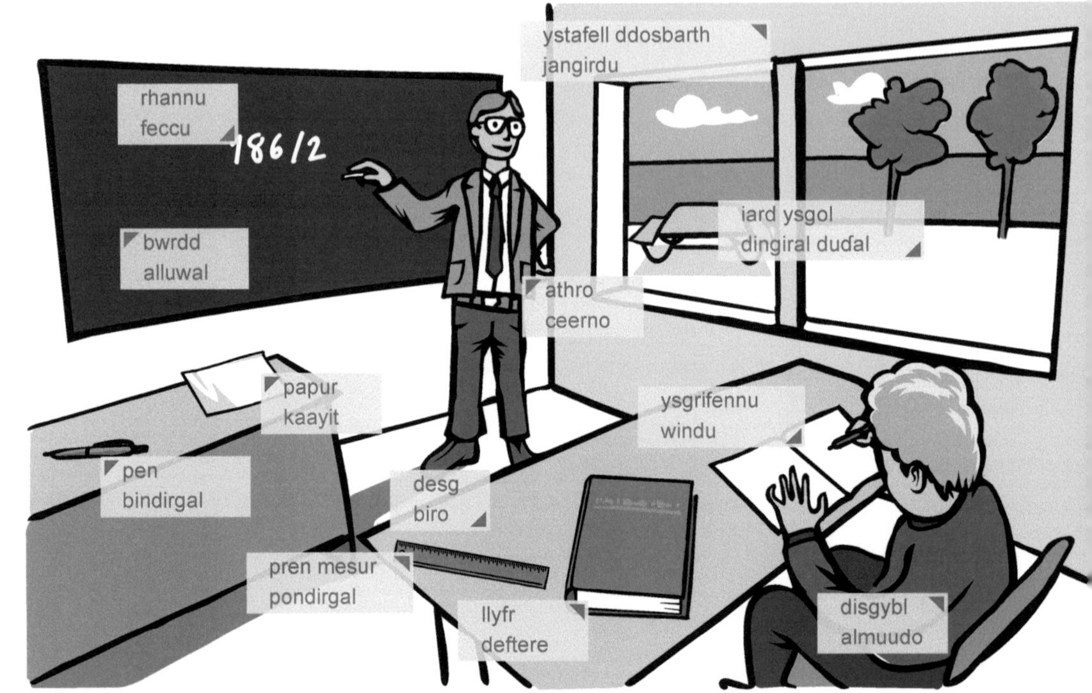
ystafell ddosbarth
jangirdu
rhannu
feccu
186/2
bwrdd
alluwal
iard ysgol
dingiral duɗal
athro
ceerno
papur
kaayit
ysgrifennu
windu
pen
bindirgal
desg
biro
pren mesur
pondirgal
llyfr
deftere
disgybl
almuudo

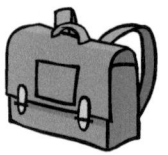

bag ysgol
sakosel

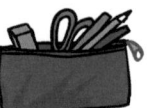

blwch penseli
suudu kuɗol

pensil
kuɗol

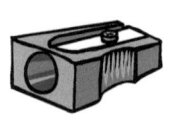

peth rhoi min ar bensil
ceeɓnoowo kuɗol

rwber
momtirgal

pad arlunio
nokku diidirɗo

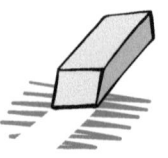

llun	brws paent	blwch paent
diidgol	diidirgal	suudu diidordu

siswrn	glud	llyfr ysgrifennu
sisooje	kol	deftere softinorde
	12	2+2
gwaith cartref	rhif	ychwanegu
coftinogol	tongoode	beydu
5-2	2×2	
tynnu	lluosi	cyfrifo
ustu	hebbin	lim
A	ABCDEFG HIJKLMN OPQRSTU VWXYZ	hello
llythyren	gwyddor	gair
bataake	hijju	kongol

testun

windande

darllen

jangu

sialc

bindirgal

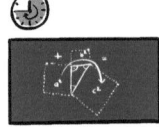

gwers

darsu

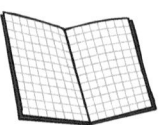

cofrestr

windaade

arholiad

ÿeewtogol

tystysgrif

ijaazi

gwisg ysgol

wutte jaɲirɗo

addysg

jaŋde

gwyddoniadur

ɗowitorde mawnde

prifysgol

jaaɓi haatirde

microsgop

mokoroskop

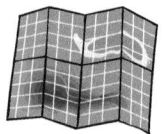

map

wertaango

basged papur gwastraff

siwo mbalis

teithio
ɗannaade

gwesty
otel
hostel
hoɗirdu
ROOMS
EXCHANGE
swyddfa gyfnewid
nokku beccirɗo
cês dillad
woliis
car
oto

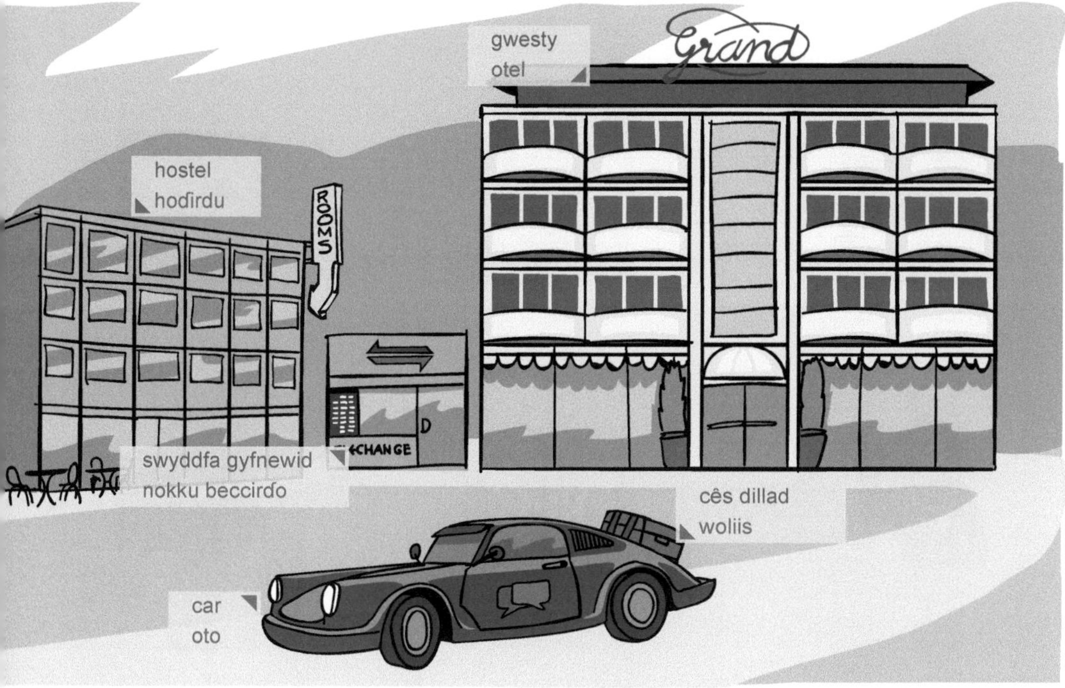

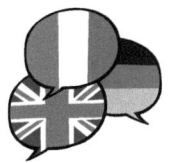

iaith

ɗemngal

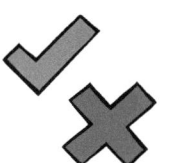

ie / na

ey / ala

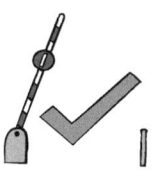

iawn

Eyyo

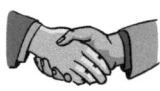

helo

mbaɗɗa

cyfieithydd

pirtoowo

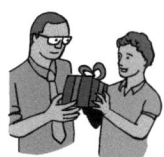

Diolch yn fawr

jaraama

faint yw ...?

hono foti...?

Dw i ddim yn deall

mi faamaani

problem

satteende

Noswaith dda!

jam hiiri

Bore da!

jam waali

Nos da!

jam waal

hwyl

baay baay

cyfarwyddyd

ngardiindi

bagiau

kaake

bag

saak

gwarbac

saak bakke

gwestai

koɗo

ystafell

suudu

sach gysgu

saak ɗaanorɗo

pabell

taanta

gwybodaeth i ymwelwyr

kabaaru jillotooɗo

traeth

palaaz

cerdyn credyd

kartal keredii

brecwast

kasitaari

cinio

bottaari

swper

hiraande

tocyn

tikkett

lifft

suutde

stamp

tembere

ffin

keerol

tollau

soodooɓe

llysgenhadaeth

ambasaat

fisa

wiisa

pasbort

paaspoor

cludiant
yangarta

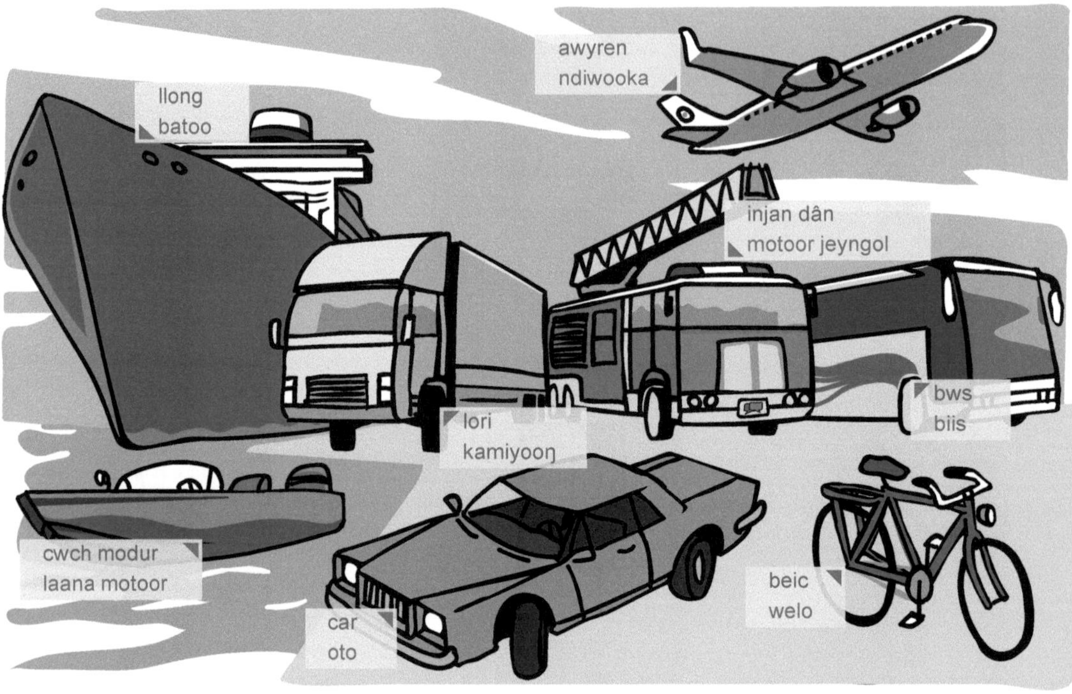
llong
batoo
awyren
ndiwooka
injan dân
motoor jeyngol
bws
biis
lori
kamiyooŋ
cwch modur
laana motoor
beic
welo
car
oto

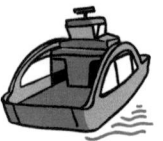

fferi

baak

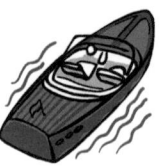

cwch

laana

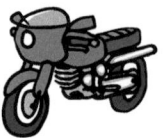

beic modur

welo motoor

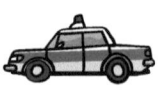

car yr heddlu

oto poliis

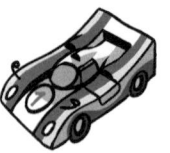

car rasio

oto dandu

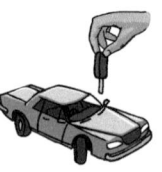

car wedi'i rentu

otoluwaaɗo

rhannu car

rendude oto

lori tynnu

lenge

lori ysbwriel

kamiyooŋ salo

modur

moto

tanwydd

gaas

gorsaf betrol

esaaseer

arwydd traffig

maantorde tali

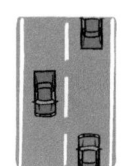

traffig

tali

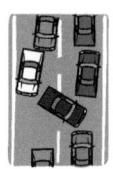

tagfa draffig

bittugol tali

maes parcio

darnirde oto

gorsaf drennau

dartorde teree

traciau

laabi

trên

teree

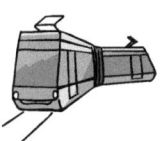

tram

taraam

wagen

nawgol

hofrennydd

elikooteer

maes awyr

aydapoor

tŵr

huɓeere

teithiwr

jahoowo

cynhwysydd

kontaneer

paced

kees

cert

saret

basged

siwo

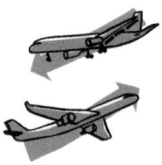

esgyn / glanio

diw / tello

dinas

wuro

pentref

saare

canol y ddinas

hakkunde wuro

tŷ

galle

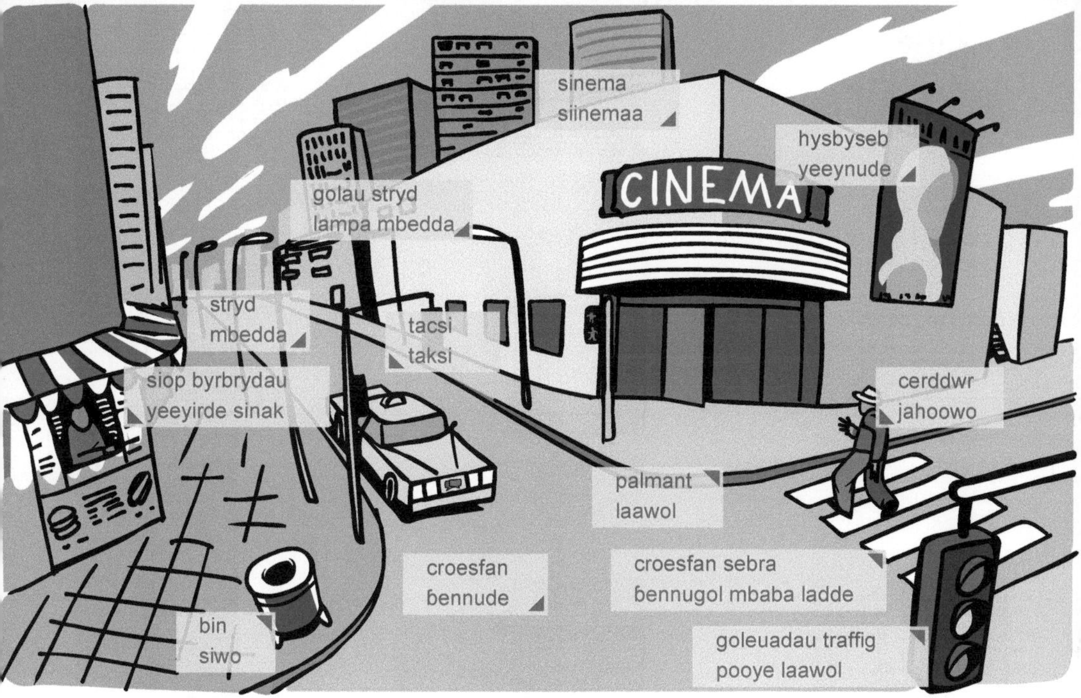

sinema
siinemaa

hysbyseb
yeeynude

golau stryd
lampa mbedda

CINEMA

stryd
mbedda

tacsi
taksi

siop byrbrydau
yeeyirde sinak

cerddwr
jahoowo

palmant
laawol

croesfan
bennude

croesfan sebra
bennugol mbaba ladde

bin
siwo

goleuadau traffig
pooye laawol

cwt
tiba

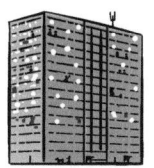

fflat
hodorde

gorsaf drennau
dartorde teree

neuadd y dref
meeri

amgueddfa
miise

ysgol
dudal

prifysgol

jaaɓi haatirde

banc

baŋke

ysbyty

safrirdu

gwesty

otel

fferyllfa

farmasii

swyddfa

gollorde

siop lyfrau

yeeyirde defte

siop

yeeyirde

siop flodau

mo nehoowo ledɗe

archfarchnad

duggere

farchnad

jeere

siop adrannol

yeeyirde diiwaan

siop bysgod

mo gawoowo

canolfan siopa

nokku njeeygu

harbwr

telloorde

parc

parka

banc

jooɗorde

pont

pooŋ

grisiau

ŋabbirɗe

rheilffordd danddaearol

les leydi

twnnel

laawol les

safle bws

dartorde biis

bar

baar

bwyty

restoraaŋ

blwch post

suudu posto

arwydd stryd

maantorde mbedda

mesurydd parcio

meetorde parka

sŵ

nehirde kulle

pwll nofio

pisiin

mosg

jumaa

fferm
ngesa

llygredd
bonande

mynwent
genaale

eglwys
ekiliis

maes chwarae
dingiral

teml
tempele

tirwedd
satto

deilen
ďerewol

arwydd cyfeirio
maantogal

ffordd
laawol

dôl
paraad

carreg
haayre

coeden
lekki

heiciwr
diwoowo

afon
caangol

glaswellt
huɗo

blodyn
baramlefol

cwm

fongo

bryn

tiwaande

llyn

weendu

coedwig

dundu

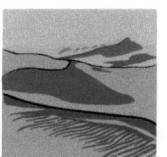

anialwch

ladde

llosgfynydd

wolkaaŋ

castell

hoɗorde

enfys

timtimol

madarchen

wiiduru gaynaako

palmwydden

lekki koko

mosgito

ɓongu

pryf

diw

morgrugyn

ñuuñu

gwenyn

ñaaku

pryf copyn

njabala

chwilen

karaab

llyffant

paaɓa

gwiwer

jiire

draenog

nguru paaɓa

ysgyfarnog

wojere

tylluan

hooweere

aderyn

ndiwri

alarch

kankaleewal

baedd

fowru

carw

lella

elc

kooba

argae

baaraas

tyrbin gwynt

seɗa hendu

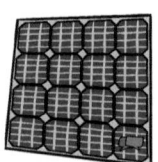

panel haul

mbeɗu naange

hinsawdd

kilimaaŋ

bwyty
restoraaŋ

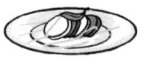

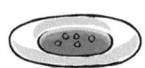

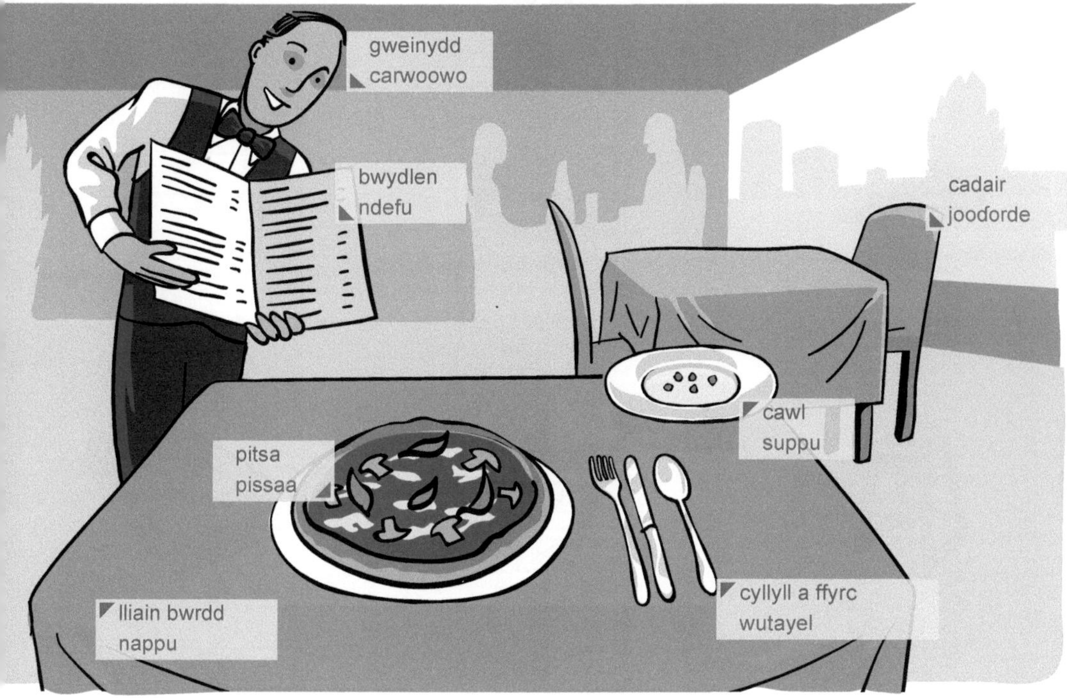

gweinydd
carwoowo
bwydlen
ndefu
cadair
jooɗorde
cawl
suppu
pitsa
pissaa
lliain bwrdd
nappu
cyllyll a ffyrc
wutayel

cwrs cyntaf

puɗɗorɗo

prif gwrs

barme mawɗo

pwdin

deseer

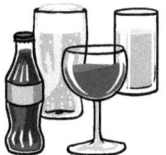

diodydd

njarameeje

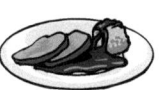

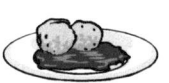

bwyd

ñamri

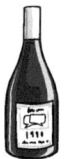

potel

bitel

bwyd cyflym

fastfuut

bwyd y stryd

ñaamde mbedda

tebot

pot ataaya

powlen siwgr

taasa suukara

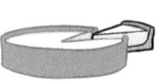

dogn

geɗal

peiriant espresso

masiŋ esperesoo

cadair plentyn

jooɗorde toownde

bil

faktiir

hambwrdd

terey

cyllell

paaka

fforc

fursett

llwy

kuddu

llwy de

kuddu ataaya

napcyn

torsooŋ

gwydr

weer

plât
palaat

plât cawl
palaat suppu

soser
coosoowo

saws
soos

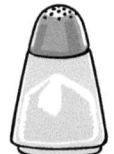

pot halen
pot lamɗam

melin bupur
poobaar

finegr
wineegar

olew
diwliin

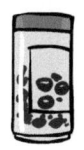 

sbeisys
kaaniije

saws coch
ketsoop

mwstard
mutaarde

mayonnaise
maynees

archfarchnad

duggere

cynnig arbennig
dokkal teentungal
FOR
cwsmer
coodoowo
cynnyrch llaeth
deftel
ffrwythau
ɓingel leggal
troli
saret

BUTCHERS

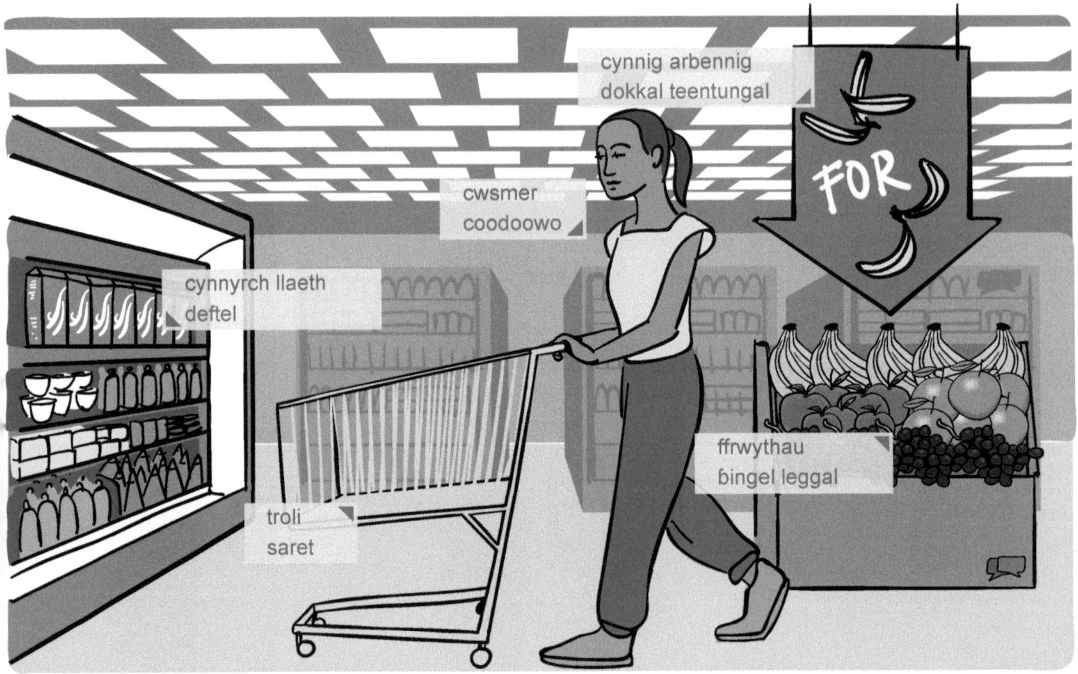

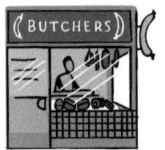

siop gig

mo jeeyoowo teewu

BAKERY

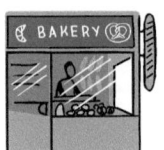

siop fara

mo piyoowo mburu

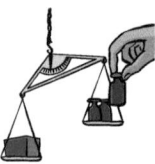

pwyso

ɓett

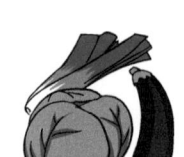

llysiau

ɓiɓe leɗɗe

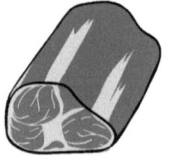

cig

teewu

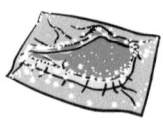

Bwyd wedi'i rewi

ñamri fendiindi

cig oer

teewu ɓuuɓngu

bwyd tun

ñamri

powdr golchi

omo

da-da

tangaleeji

cynnyrch cartref

geɗe galle

cynhyrchion glanhau

geɗe laɓɓinooje

gwerthwraig

jeeyoowo

til

hippoode

ariannwr

ngaluyanke

rhestr siopa

limo soodetee

oriau agor

waktuuji gudditeeɗi

waled

kalbe

cerdyn credyd

kartal keredii

bag

saak

bag plastig

saak dalli

archfarchnad - duggere

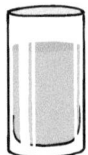

dŵr

ndiyam

sudd

sii

llefrith

kosam

côc

Koowk

gwin

sangara

cwrw

sangara

alcohol

alkol

coco

koka

te

ataaya

coffi

kafe

espresso

esperesoo

cappuccino

kaputsiino

ffrwchledd

banaana

afal

pomere

oren

oraaŋs

melon

dende

lemwn

limoŋ

moronen

karott

garlleg

laac

bambŵ

bambuu

nionyn

soblere

madarchen

wiiduru gaynako

cnau

gerte

nwdls

kodde

sbageti

espaketii

reis

maaro

salad

solaat

sglodion

sipse

tatws wedi'u ffrïo

padaas pasnaaɗo

pitsa

pissaa

hambyrger

amburgoor

brechdan

sandiis

cytled

tayre

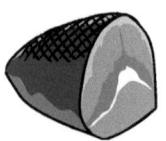

ham

heltinde

salami

salaami

selsig

soosiis

cyw iâr

gertogal

rhost

juɗe

pysgodyn

liingu

ceirch uwd

karaw

miwsli

miyesli

creision ŷd

butaali makka

blawd

cafka

croissant

koraasaŋ

bynsen

loocol mburu

bara

mburu

tost

mburu

bisgedi

mbiskit

menyn

boor

ceuled

caakri

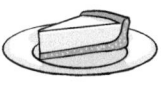

teisen

ngato

wy

boofoode

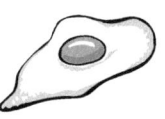

wy wedi'i ffrïo

bofoode defaaɗo

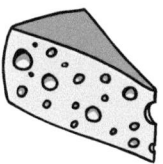

caws

formaas

hufen iâ

kerem galaas

siwgr

suukara

mêl

njuumri

jam

piire

siocled taenu

soosde sokola

cyri

kiri

fferm

ngesa

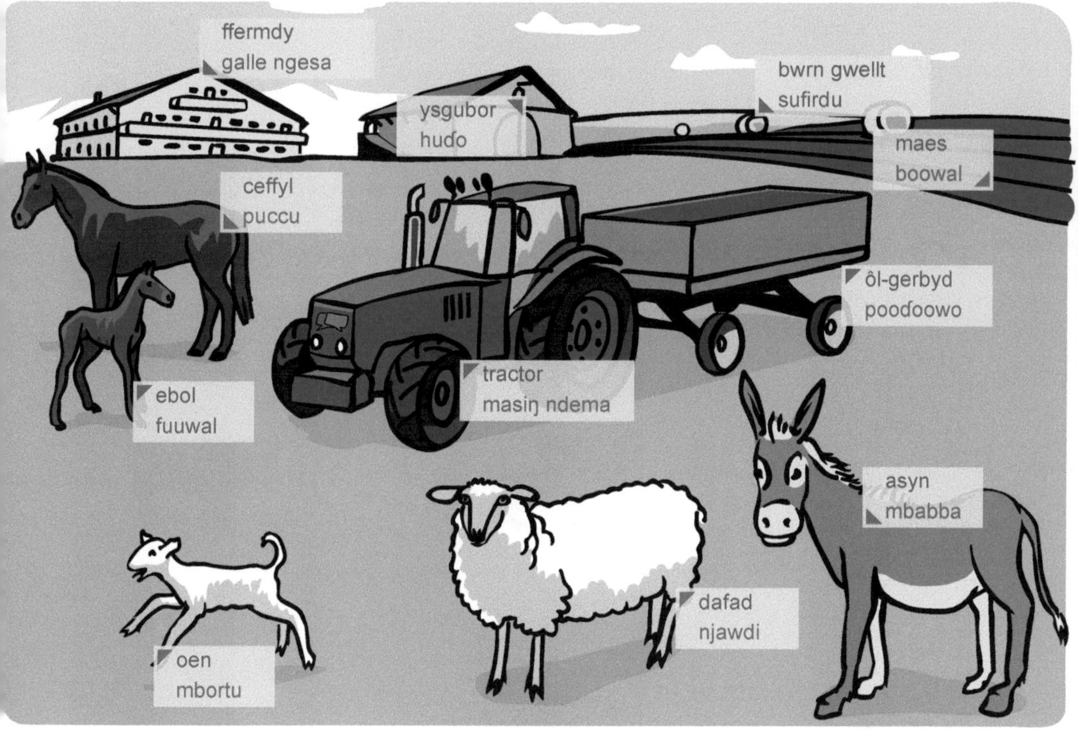
ffermdy
galle ngesa
ysgubor
huɗo
bwrn gwellt
sufirdu
maes
boowal
ceffyl
puccu
ôl-gerbyd
pooɗoowo
tractor
masiŋ ndema
ebol
fuuwal
asyn
mbabba
dafad
njawdi
oen
mbortu

gafr

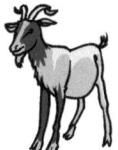

ndamndi

buwch

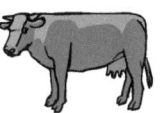

ngaari

llo

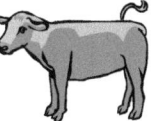

ñale

mochyn

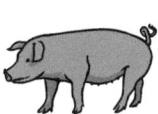

mbaba tugal

porchell

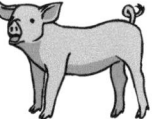

ɓingel tugal

tarw

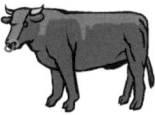

ngaari

gwydd

jaawalal

hwyaden

jaawangal

cyw

gertogal

iâr

jarlal

ceiliog

ngori

llygoden fawr

doombru

cath

ulluundu

llygoden

dombru

ych

ngaari

ci

rawaandu

cwt ci

suudu rawaandu

pibell ddŵr

lekki werte

can dŵr

bitel ndiyam

pladur

jalo

aradr

jabbude

cryman
wafdu

fforch chwynu
caga

picwarch
furset yettirɗo

bwyell
jambere

berfa
burwett

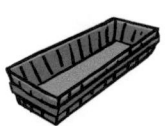

cafn
jardugal

tun llefrith
bitel kosam

sach
bonnude

ffens
heerorde

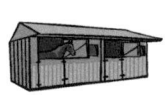

stabl
dari

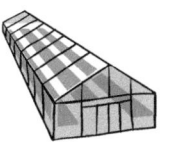

tŷ gwydr
resofmaaŋ

pridd
leydi

hedyn
aawdi

gwrtaith
engere

dyrnwr medi
rendin coñoowo

cynaeafu

soñ

cynhaeaf

coñal

iamau

ñambi

gwenith

ndiyamiri

soi

soozaa

tysen

padaas

grawn

makka

had rêp

aawdi adan

coeden ffrwythau

lekki ɓesnooki

manioc

kasaawa

grawnfwydydd

gawri

tŷ
galle

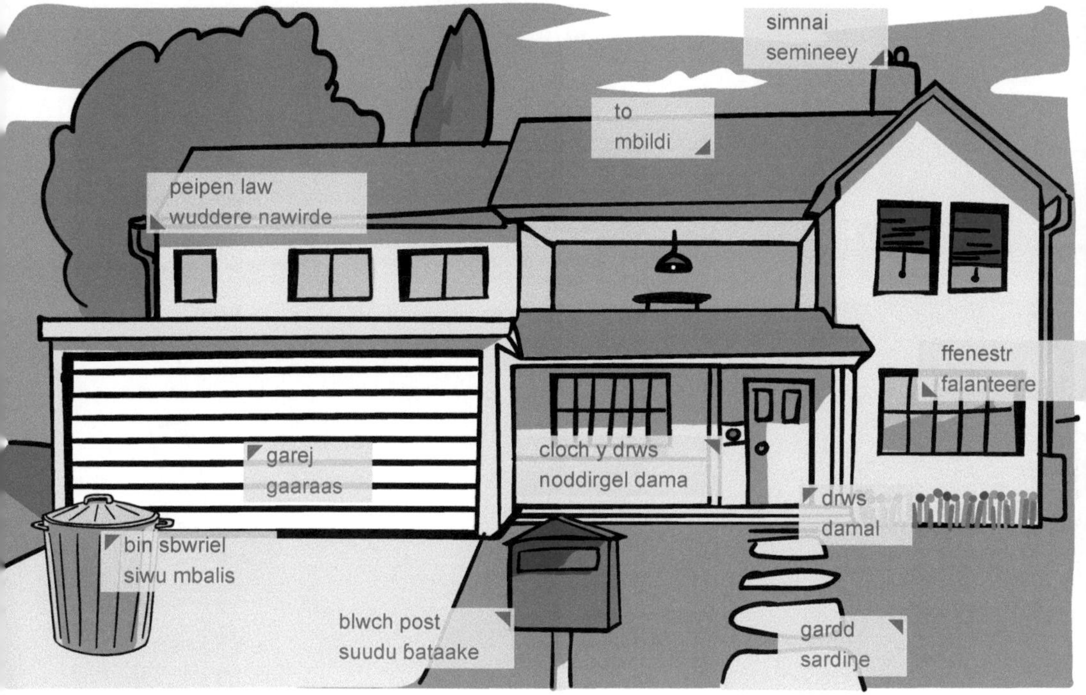

simnai
semineey
to
mbildi
peipen law
wuddere nawirde
ffenestr
falanteere
garej
gaaraas
cloch y drws
noddirgel dama
drws
damal
bin sbwriel
siwu mbalis
blwch post
suudu ɓataake
gardd
sardiŋe

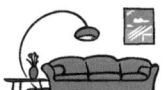

lolfa

saal

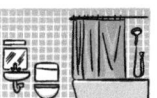

ystafell ymolchi

lootorde

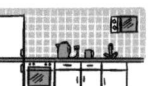

cegin

waañ

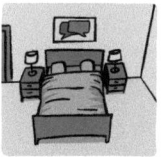

ystafell wely

suudu lelteendu

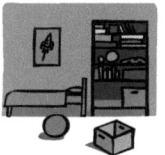

ystafell plentyn

suudu suka

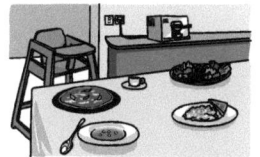

ystafell fwyta

suudu hirtordu

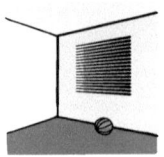

llawr
leydi

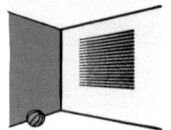

wal
miir

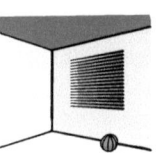

nenfwd
dira

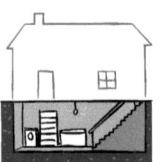

seler
masiŋel

sawna
soona

balconi
balkooŋ

teras
teeraas

pwll
pisin

peiriant torri gwair
tondoos

taflen
kaayit

gorchudd gwely
mbertanteeri

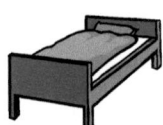

gwely
lelnde

ysgub
pittirɗe

bwced
siwoo

swits
waylu

lolfa

saal

papur wal
foodekaraŋ
llun
nattal
lamp
lampa
silff
dow
cwpwrdd
baye
teledu
lewe
lle tân
fotekaaŋ
blodyn
baramlefol
clustog
njegenaay
soffa
soofaa
fâs
kaas
rheolydd o bell
komaande

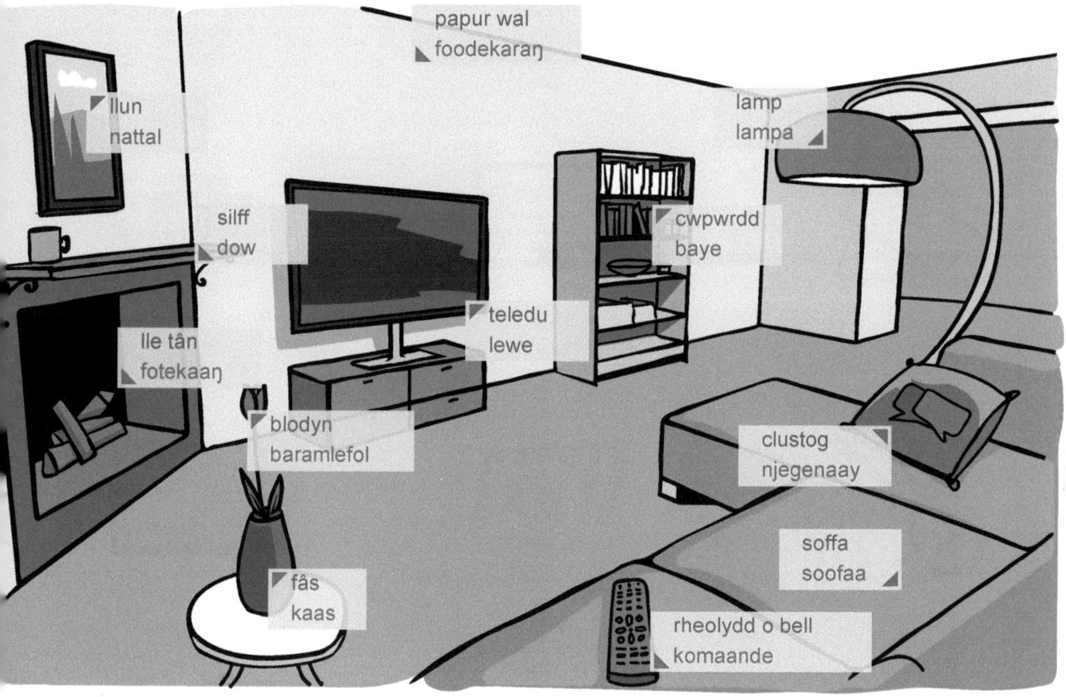

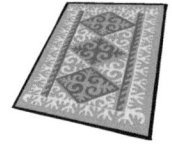

carped

tappi

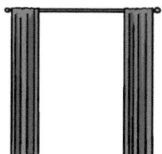

llen

rido

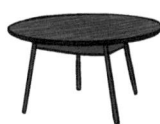

bwrdd

taabal

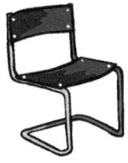

cadair

jooɗorde

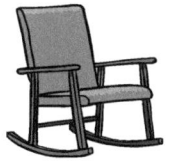

cadair siglo

jooɗorde timmunde

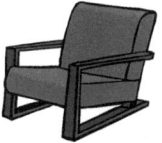

cadair freichiau

tuggorde

llyfr
deftere

blanced
suddaare

addurn
cinki

coed tân
docotal

ffilm
filmo

hi-fi
kuutorɗe hi-fi

agoriad
caabi

papur newydd
jaaynde

darlun
pentiirde

poster
posteer

radio
haalirde

llyfr nodiadau
deftel mooftirgel

hwfer
ŋabbude

cactws
siwo lekki

cannwyll
sondel

cegin
waañ

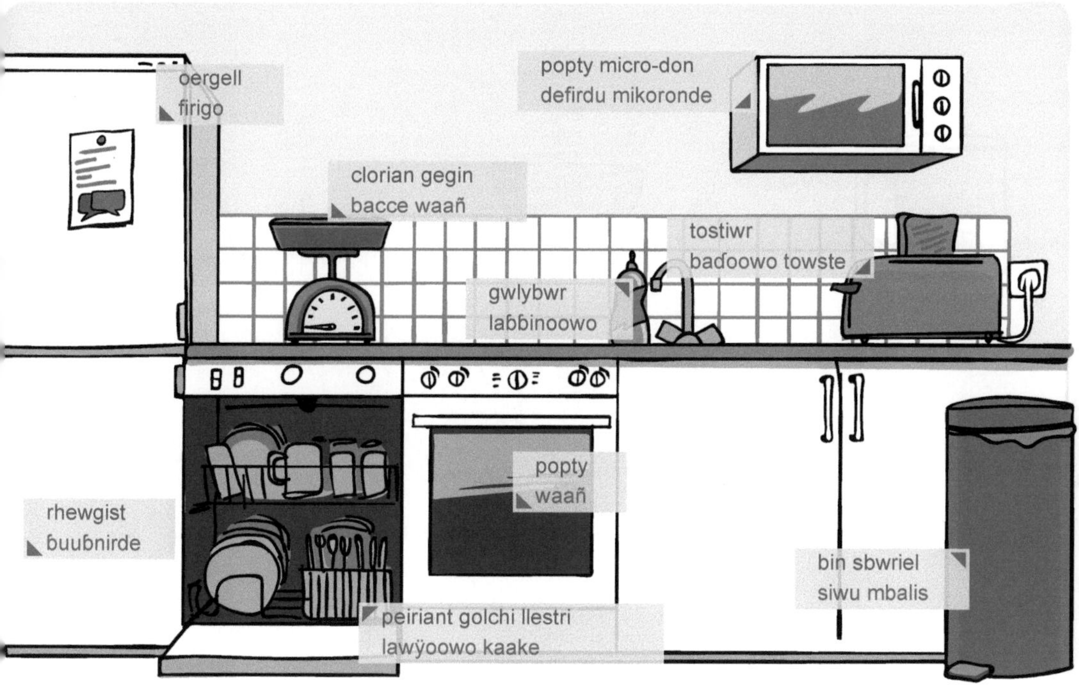

oergell
firigo
popty micro-don
defirdu mikoronde
clorian gegin
bacce waañ
tostiwr
baɗoowo towste
gwlybwr
labbinoowo
popty
waañ
rhewgist
ɓuuɓnirde
bin sbwriel
siwu mbalis
peiriant golchi llestri
lawÿoowo kaake

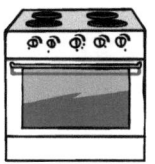

popty
defoowo

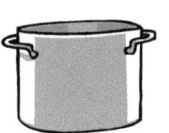

pot
pot

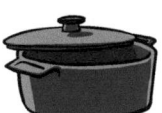

pot haearn bwrw
pot baɗɗo njamdi

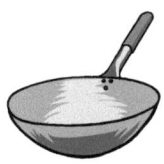

wok / kadai
lehel

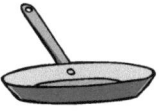

padell
lahal

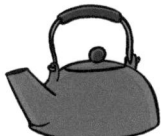

tegell
baraade

sosban stemio

gulnoowo

hambwrdd pobi

fuur cumirɗo

llestri

wiisirde

mwg

kaas

powlen

taasa

gweill bwyta

bakett

lletwad

heɗirde

ysbodol

kuundal

chwisg

burgal

hidlydd

gulnirɗo

gogr

pool

gratiwr

koosoowo

morter

wowru

barbeciw

njuɗu

tân agored

lewlewndu

bwrdd torri cig

alluwal tayirgal

rholbren

dullirgal

tynnwr corcyn

tenaay

tun

potyel

peth agor tuniau

udditirɗo potyel

clwt pot

jaggoowo pot

sinc

lawÿirde

brws

borisde

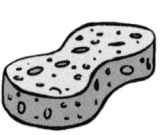

sbwng

epoos

peiriant cymysgu

jiiɓoowo

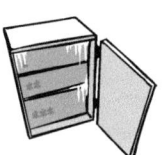

rhewgell

firigo juutɗo

potel babi

bitel tiggu

tap

robine

ystafell ymolchi
lootorde

gwres
wulnude
cawod
ɓuftogol
tywel
sarbet
llen gawod
rido ɓuftorde
baddon ewyn
sumbu lootorɗo
baddon
nokku lootorɗo
gwydr
weer
peiriant golchi
masiŋ guppirɗo
tap
robine
teils
biifi
potyn
woppirde
sinc
lawŷirde

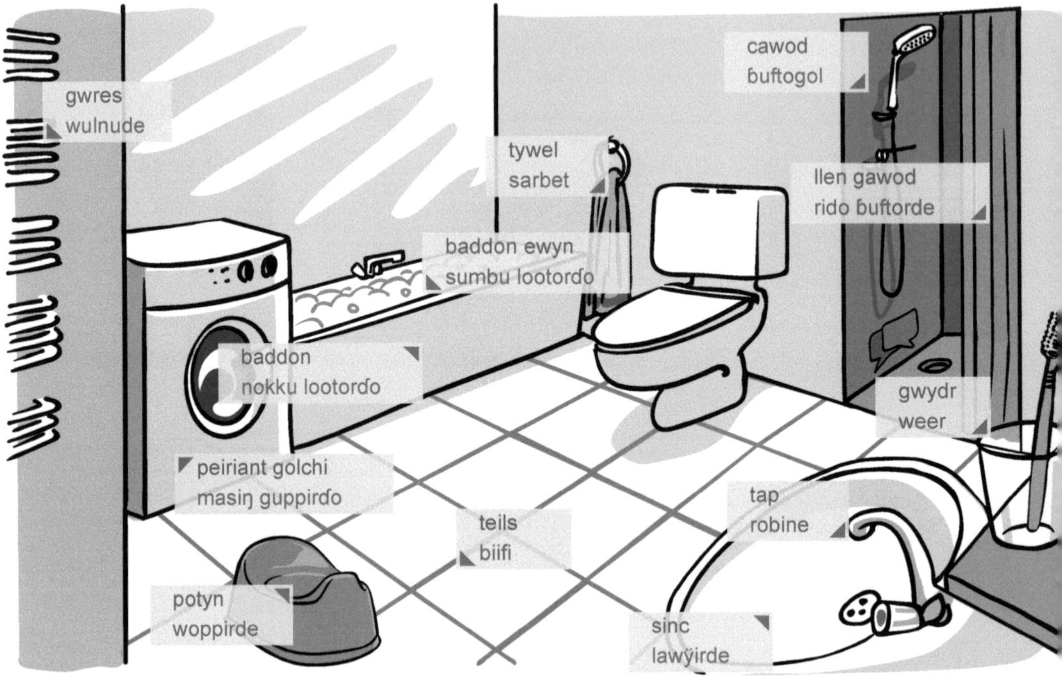

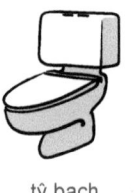

tŷ bach
heblorde

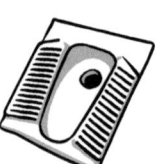

toiled cyrcydu
yaltirde les

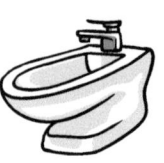

bidet
yaltirde

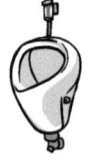

troethfa
soofirde

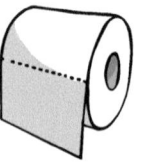

papur tŷ bach
kaayit heblorde

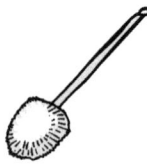

brws tŷ bach
boros heblorde

brws dannedd
boros ñiiÿe

past dannedd
pat cocorɗo

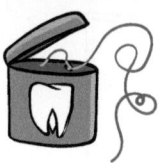

edau ddannedd
cocorgal

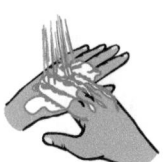

golchi
lawyu

cawod llaw
ɓuftorde jungo

golchfa
jampe

basn
taasa

brws-ôl
boros keeci

sebon
saabunde

gel cawod
nebam ɓuftorde

siampŵ
sampoye

gwlanen
lootogel

ffos
yupude

hufen
mileen

diaroglydd
lati

drych
daarogal

drych llaw
daarogal jungo

rasel
rasuwaar

ewyn eillio
sumbu pemborɗo

sent eillio
lallitirde

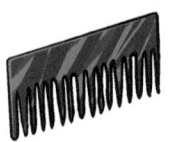

crib
koomu

brws
boros

sychwr gwallt
yoorno hoore

chwistrell gwallt
uurna hoore

colur
makiyaas

minlliw
lippo

farnais ewinedd
emaaye segene

gwlân cotwm
wiro

siswrn ewinedd
sisooje segene

persawr
parfooŋ

bag ymolchi

saawdu lawyirdu

stôl

kuudi

clorian

bacce ɓetirde

gŵn baddon

wutte lootorɗo

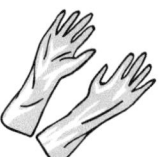

menig rwber

kawaseeje dalli

tampon

tampooŋ

tywel misglwyf

sarbet laɓɓinoorɗo

toiled cemegol

lootogol cellungol

ystafell plentyn
suudu suka

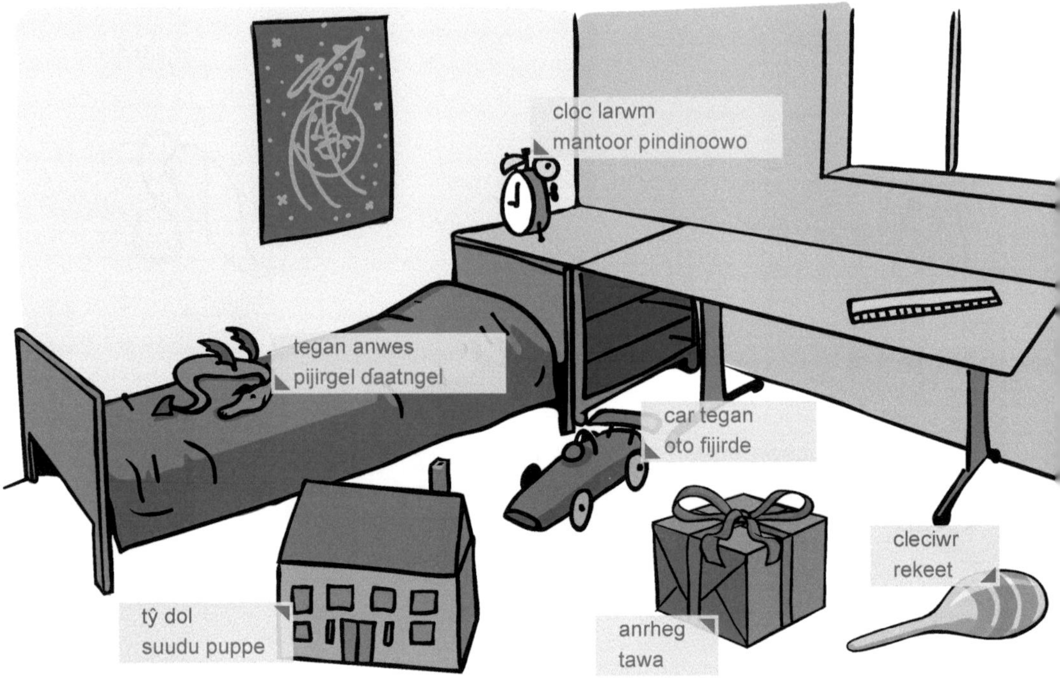
cloc larwm
mantoor pindinoowo
tegan anwes
pijirgel ɗaatngel
car tegan
oto fijirde
cleciwr
rekeet
tŷ dol
suudu puppe
anrheg
tawa

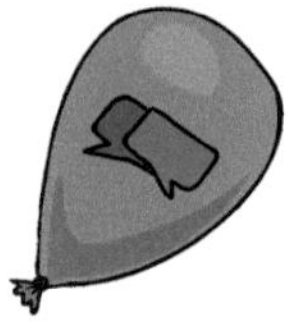

balŵn
balooŋ

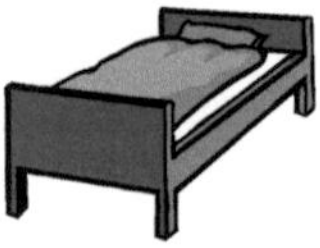

gwely
lelnde

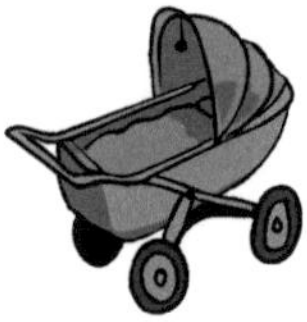

pram
puus puus

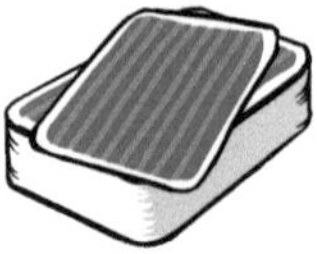

pecyn o gardiau
taabal karte

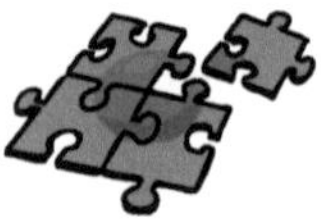

jig-so
juwirgal

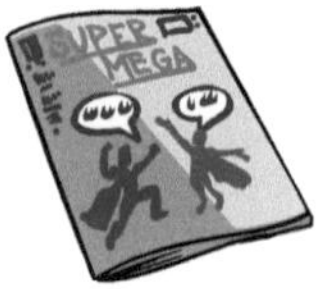

comic
jalnii

brics Lego
tuufeeje lego

blociau adeiladu
kaaÿe maadi

ffigur gweithredu
pijirgel suka

babygro
wutte suka

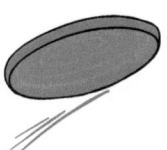

ffrisbi
mbiifu

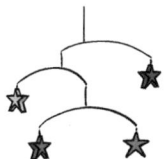

ffôn symudol
noddirgel

gêm fwrdd
fijirde alluwal

deis
dee

set model trên
tereŋ jahiroowo batiri

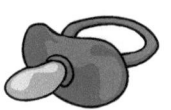

teth lwgu
ɗaayɗo

parti
hiirde

llyfr lluniau
deftere natte

pêl
bal

dol
puppe

chwarae
fij

pwll tywod

ngaska leydi

swing

yirlude

teganau

pijirɗe

consol gemau fideo

fijirde widoo peley

beic tair olwyn

biifi tati

tedi

uluundu pijirgel

cwpwrdd dillad

woliis

dillad

boornogol

hosanau

kawaseeje

hosanau

baardinirɗi

teits

dogirɗi

sgarff
muurnorde

ymbarél
paraseewal

crys-t
tiset

gwregys
dadorde

sliperi
pade joodorde

esidiau ymarfer
dogirde

esgidiau
bataaje

sandalau	esgidiau	esgidiau rwber
caraax	pade	bataaje dalli
trôns	bra	fest
cakkirdi	site ŋoos	weste

corff

bandu

trowsus

tuuba

jîns

jiin

sgert

sippu

blows

buluus

crys

wuttel

pwlofer

piliweer

hwdi

njallaaba

blaser

balaseer suka

siaced

jakett

côt

sabandoor

côt law

wutte toɓo

gwisg

kossim

gŵn

robbo

gwisg briodas

wutte cuddungu

siwt

cakkirɗo

gŵn nos

robbo baalduɗo

pyjamas

baaluɗi

sari

sari

sgarff pen

fiilorde

tyrban

kaala

bwrca

misoor

cafftan

haftan

abaya

abaaye

gwisg nofio

lumborɗo

trowsus nofio

leɗɗe

siorts

kilooti

tracwisg

dewirɗi

ffedog

aparooŋ

menig

kawase

botwm

nebbu

sbectol

lone

breichled

jawo

cadwyn

cakka

modrwy

feggere

clustdlws

hootonde

cap

laafa

cambren

jaggirgal sabandoor

het

kufna

tei

karwaat

sip

korsude

helmed

tengaade

fframiau danedd

jawe

gwisg ysgol

wutte jaɲirɗo

gwisg

dadorɗo

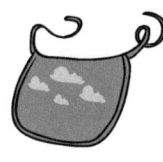

bib

nappu suka

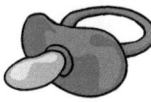

teth lwgu

ɗaayɗo

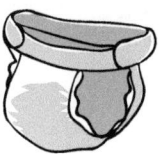

cewyn

fooftini

swyddfa
gollorde

gweinydd
carwoowo
cwrpwrdd ffeilio
nokku bindirɗo
argraffydd
jaltinoowo
papur
kaayit
monitor
peewnoowo
llygoden
doomburu
desg
biro
ffolder
suudu
bysellfwrdd
bindirgal
basged papur gwastraff
siwo mbalis
cyfrifiadur
ordinateer
cadair
jooɗorde

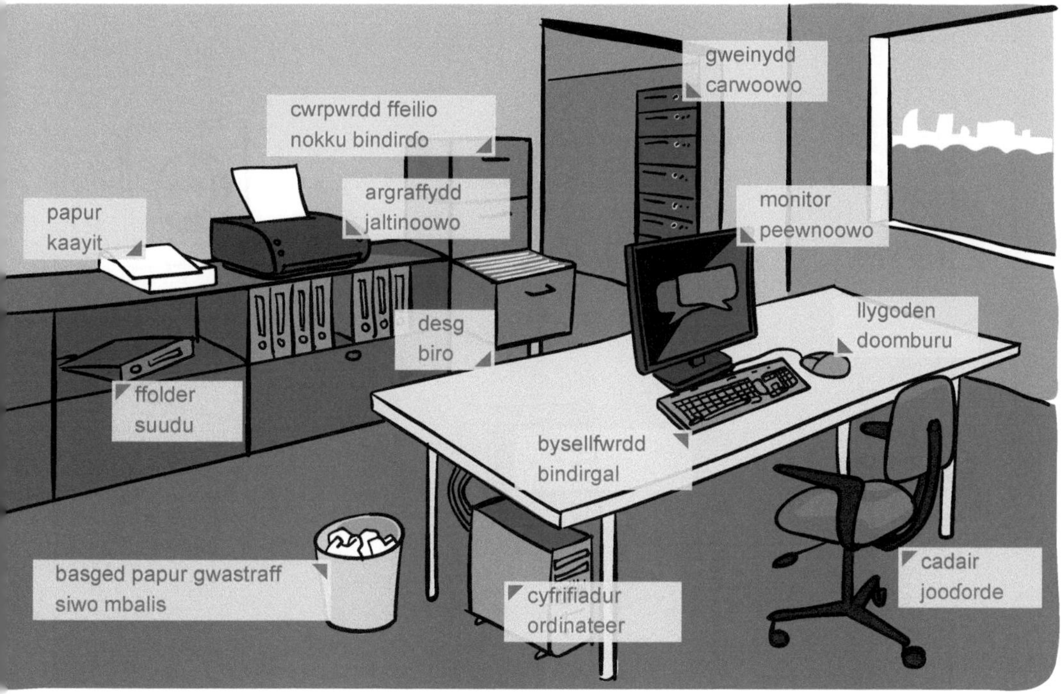

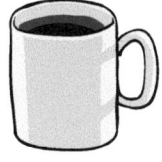

mwg coffi

koppu kafe

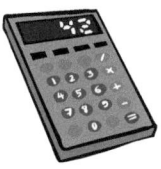

cyfrifiannell

tongirde

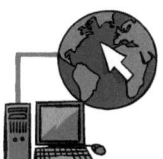

rhyngrwyd

enternet

gliniadur

ordinateer

llythyr

bataake kaayit

neges

bataake

ffôn symudol

noddirgel

rhwydwaith

jokkondiral

llungopïwr

nandinoowo

meddalwedd

kuutorgel

teleffon

noddirgel

soced plwg

piriis

peiriant ffacs

masiŋ faksii

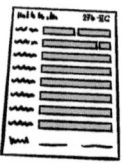

ffurflen

sifaa

dogfen

kaayit

prynu

sood

talu

yoɓ

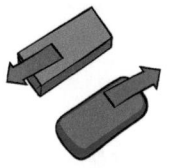

masnachu

yeey

arian

kaalis

doler

dolaar

ewro

oro

yen

yeen

rwbl

ruubal

ffranc y Swistir

siiwis farayse

yuan renminbi

yuwaan renminbi

rwpi

ruppii

peiriant arian

nokku ngalu

swyddfa gyfnewid

nokku beccirɗo

aur

kaŋe

arian

kaalis

olew

peteroŋ

ynni

doole

pris

coggu

contract

jokkondiral

treth

lempo

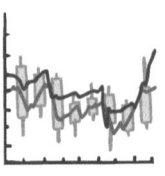

stoc

jeyii

gweithio

liggo

cyflogai

liggotooɗo

cyflogwr

ligginoowo

ffatri

isin

siop

yeeyirde

swyddi
golle

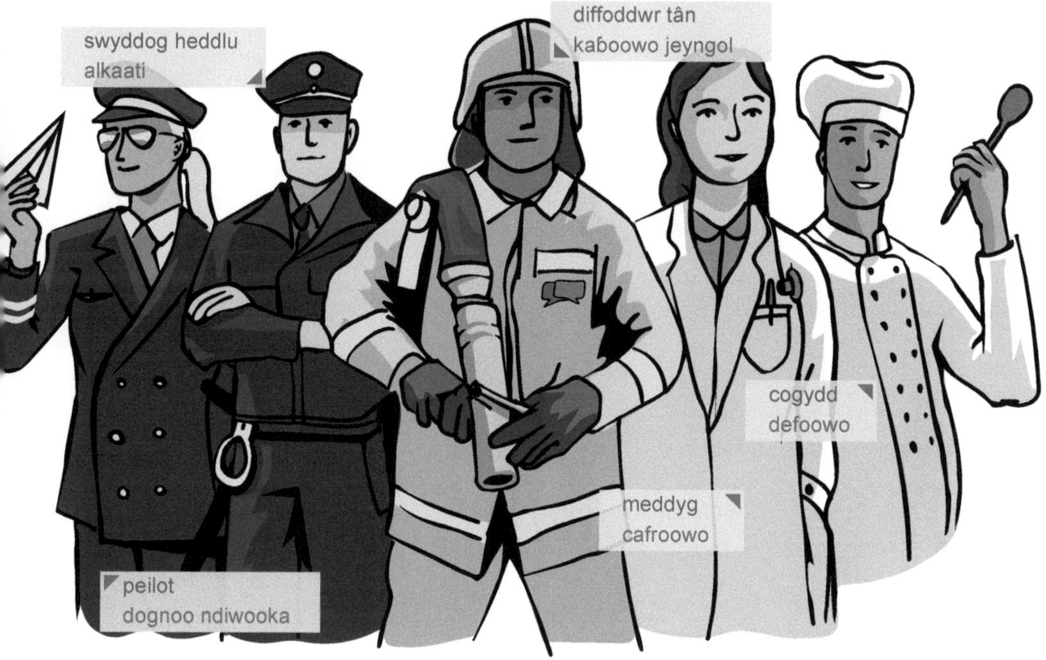
swyddog heddlu
alkaati
diffoddwr tân
kaboowo jeyngol
cogydd
defoowo
meddyg
cafroowo
peilot
dognoo ndiwooka

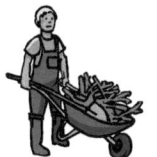

garddwr
mooftoowo

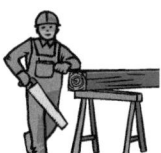

saer
meniise

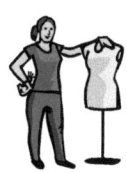

gwniadwraig
gawoowo debbo

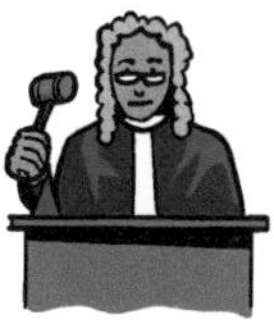

barnwr
ñaawoowo

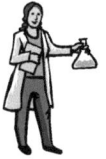

fferyllydd
simiyanke

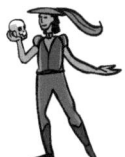

actor
aktoor

gyrrwr bws

diirnoowo biis

gyrrwr tacsi

diirnoowo taksi

pysgotwr

gawoowo

glanhawraig

debbo pittoowo

töwr

biloowo

gweinydd

carwoowo

heliwr

baañoowo

paentiwr

diidoowo

pobydd

piyoo mburu

trydanwr

peewnoo jeyngol

adeiladwr

mahoowo

peiriannydd

eseñoor

cigydd

buusee

plymiwr

polombiyee

dyn y post

neđɗo posto

milwr

soldaat

pensaer

arsitekte

ariannwr

ngaluyanke

gwerthwr blodau

ledɗeyanke

triniwr gwallt

mooroowo

archwiliwr tocynnau
rheilffordd

diirnoowo

mecanydd

peenoowo jamɗe

capten

gardiiɗo

deintydd

safroowo ñiiÿe

gwyddonydd

gando

rabi

babbiin

imam

almaami

mynach

muwaan

clerigwr

neɗɗo alla

offer
kuutorɗe

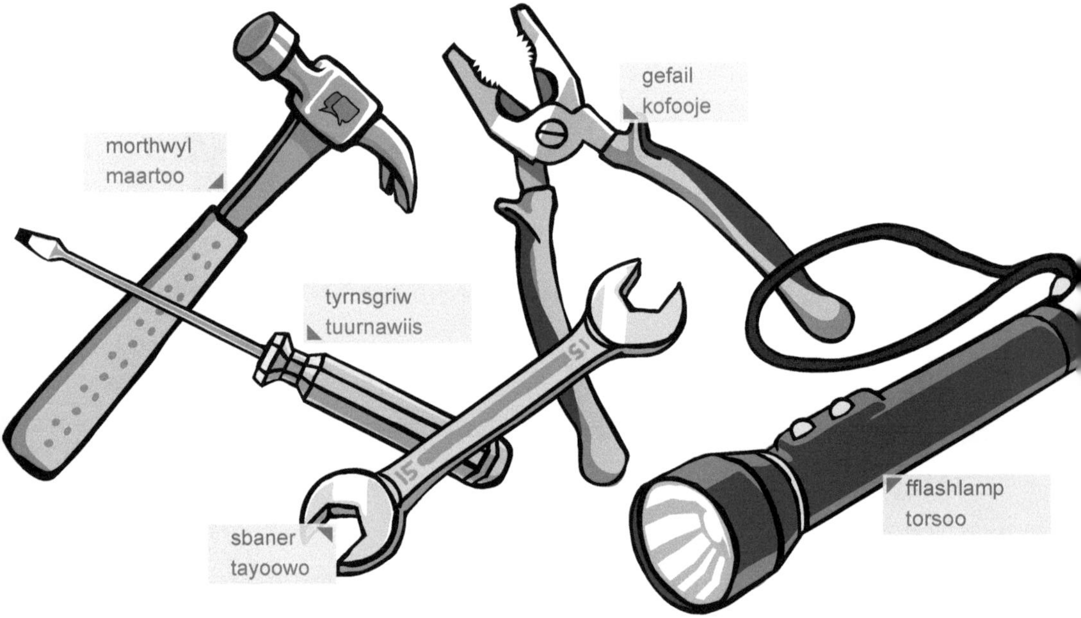

morthwyl
maartoo
gefail
kofooje
tyrnsgriw
tuurnawiis
sbaner
tayoowo
fflashlamp
torsoo

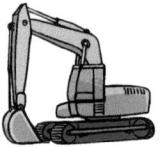

turiwr

ngasirdi

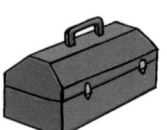

blwch offer

suudu kuutorɗe

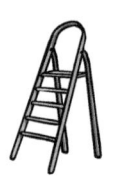

ysgol

seel

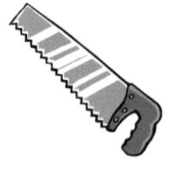

llif

siiy

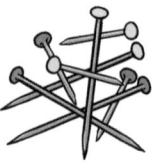

hoelion

pontooje

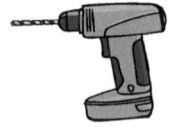

dril

yuwirde

trwsio
feewnit

rhaw
nokkirde

Daria!
sooot

rhaw lwch
peel

pot paent
pot diidirɗo

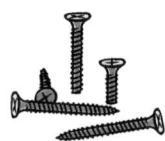

sgriwiau
wiisuuji

offerynnau cerdd
pijirɗe

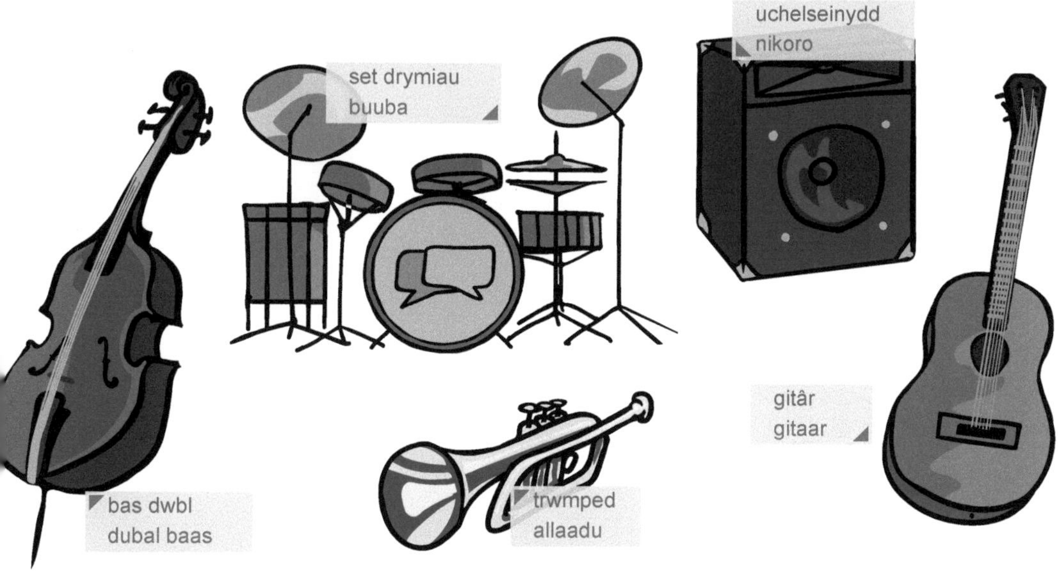

uchelseinydd
nikoro

set drymiau
buuba

gitâr
gitaar

bas dwbl
dubal baas

trwmped
allaadu

piano

piyaano

ffidil

ñaañooru

bas

baas

timpani

timpaan

drymiau

bawdi

cyweirfwrdd

bindirgal

sacsoffon

saksofooŋ

ffliwt

coolumbel

meicroffon

haaldude

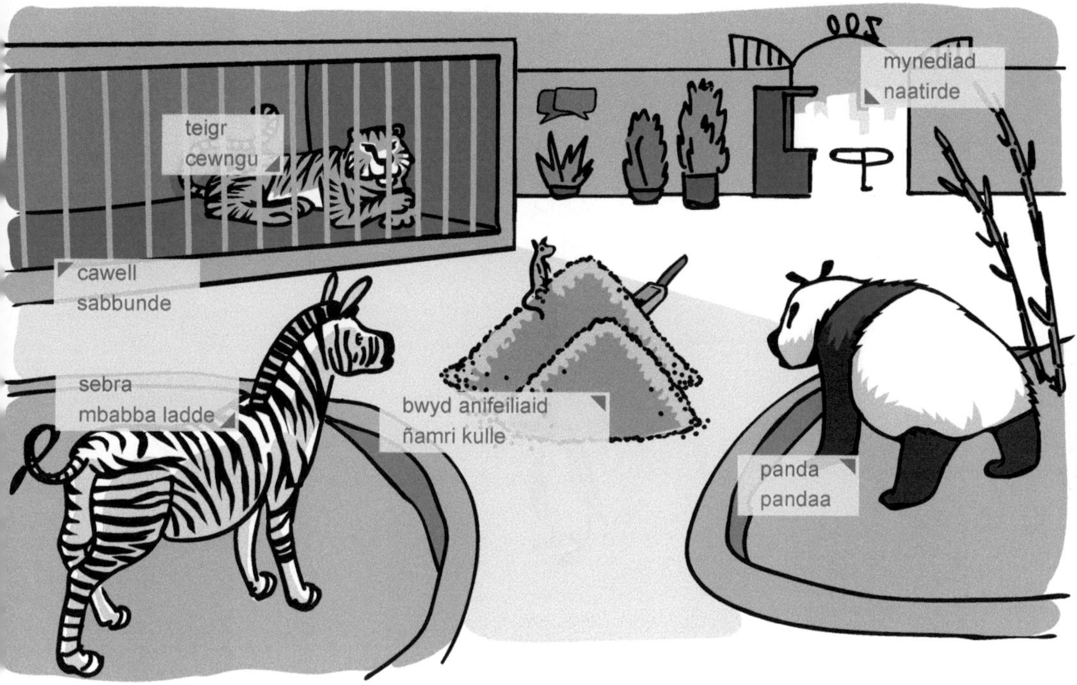

teigr
cewngu

mynediad
naatirde

cawell
sabbunde

sebra
mbabba ladde

bwyd anifeiliaid
ñamri kulle

panda
pandaa

anifeiliaid
kulle

eliffant
ñiiwa

cangarŵ
kanguruu

rhinoseros
liwoongu

gorila
waandu

arth
fowru

camel

ngelooba

estrys

jaawagal

llew

mbaroodi

mwnci

golo

fflamingo

ñaarpural

parot

seku

arth wen

fowru nees

pengwin

peŋwee

siarc

reke

paun

ngoriyal

neidr

mboddi

crocodeil

nooro

gofalwr sŵ

deenoowo kulle

morlo

liingu

jagwar

cewngu

merlyn

molel puccu

llewpard

cewlu

hipo

ngabu

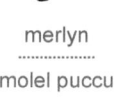

jiráff

ñamala

eryr

ciilal

baedd

fowru

pysgodyn

liingu

crwban

heende

walrws

morsee

llwynog

daga

gafrewig

lella

pêl-droed America
fugu koyngel Amarik

beicio
welo

tennis
teniis

pêl-fasged
basket

nofio
lumbaade

hoci iâ
okey e galaas

bocsio
bokse

pêl-droed
·········
fugu koyngel

badminton
·········
badminton

athletau
·········
dogduuji

pêl-law
·········
fugu jungo

sgïo
·········
eskiiy

polo
·········
polo

neidio
diw

cofleidio
uurno

chwerthin
jal

cerdded
yah

canu
yim

gweddïo
juul

cusanu
ɓuuco

breuddwydio
hoyɗu

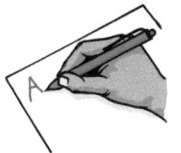

ysgrifennu

windu

tynnu

diid

dangos

hollu

gwthio

duñ

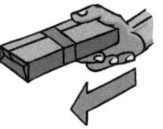

rhoi

rokku

cymryd

naw

bod gan

jogo

gwneud

wađ

bod

won

sefyll

daro

rhedeg

dog

tynnu

ittu

taflu

weddo

disgyn

yan

gorwedd

fen

aros

fad

cario

naw

eistedd

joođo

gwisgo amdanoch

boorno

cysgu

đaano

deffro

finn

edrych ar

ndaar

crïo

woy

anwesu

fiiy

cribo

koomu

siarad

haal

deall

faam

gofyn

naamdo

gwrando

hetto

yfed

yar

bwyta

ñaam

tacluso

haɓɓu

caru

yiɗ

coginio

def

gyrru

diirnu

hedfan

diw

hwylio

awyu

cyfrifo

lim

darllen

jangu

dysgu

jangu

gweithio

liggo

priodi

res

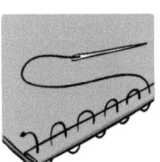

gwnïo

aaw

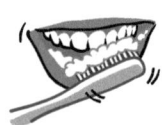

brwsio dannedd

boris ñiiÿe

lladd

war

ysmygu

simmo

anfon

neldu

teulu
ɓesngu

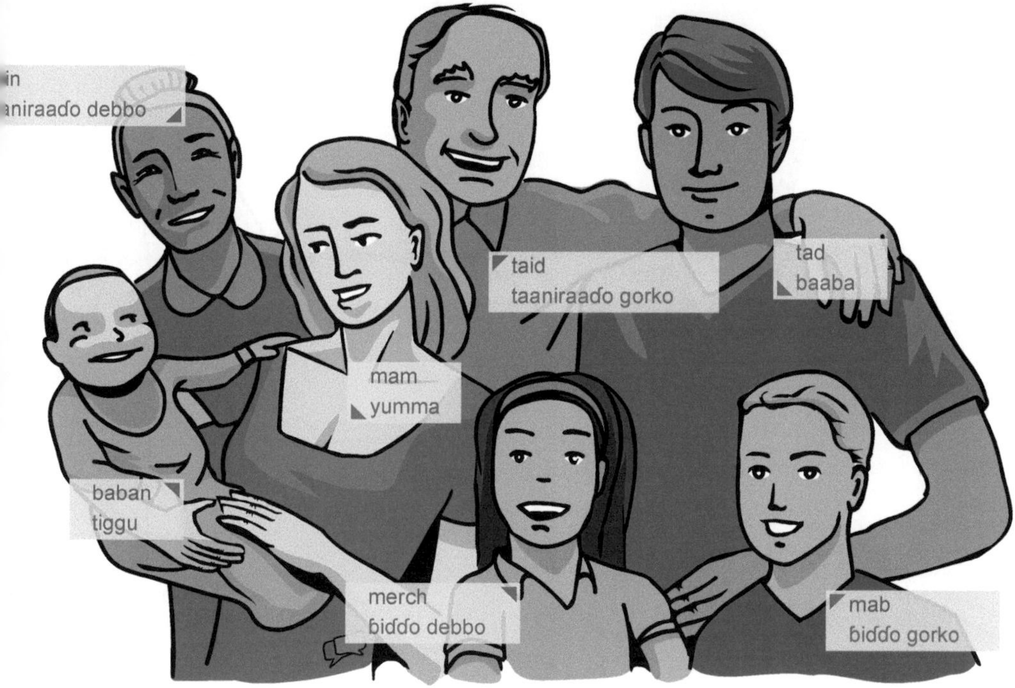

in
aniraaɗo debbo
taid
taaniraaɗo gorko
tad
baaba
mam
yumma
baban
tiggu
merch
ɓiɗɗo debbo
mab
ɓiɗɗo gorko

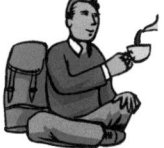

gwestai

koɗo

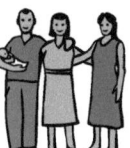

modryb

gogo

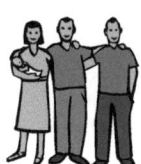

ewythr

kaawiraaɗo

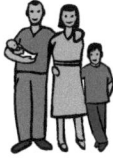

brawd

mawniraaɗo gorko

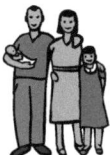

chwaer

mawniraaɗo debbo

corff

ɓandu

talcen
tiinde
llygad
yitere
ysgwydd
walabo
bys
feɗeendu
wyneb
yeeso
gên
waare
llaw
jungo
coes
korlal
bron
endu
braich
jungo

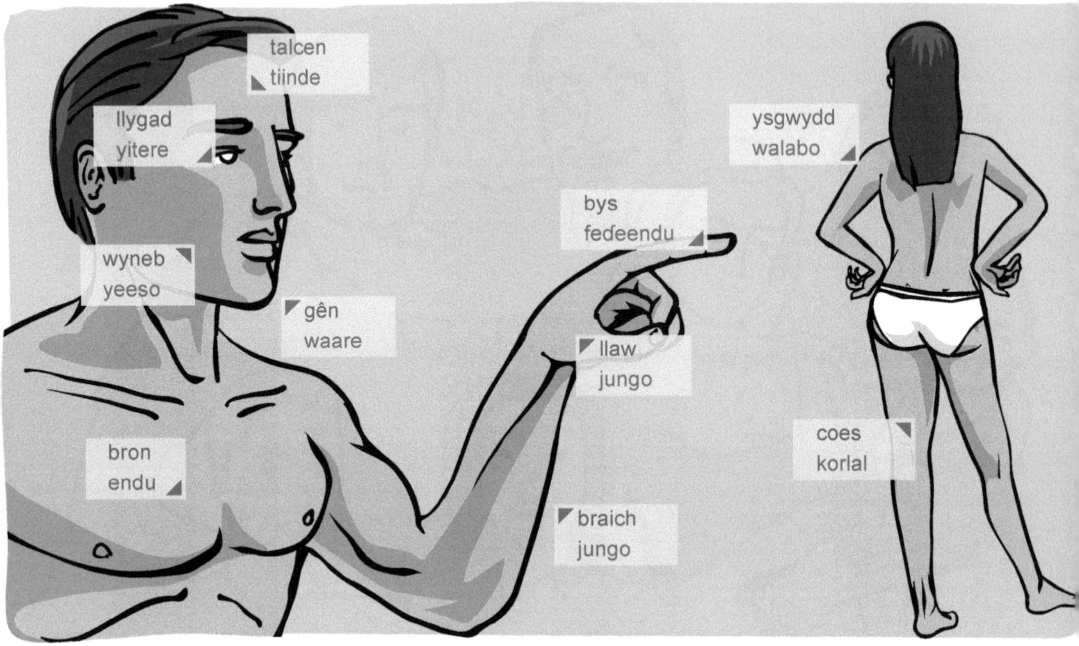

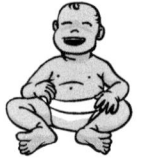

baban
tiggu

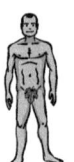

dyn
gorko

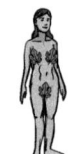

gwraig
debbo

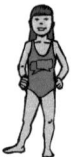

geneth
debbo

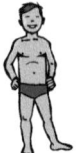

bachgen
gorko

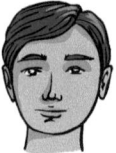

pen
hoore

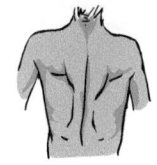

cefn
keeci

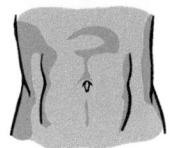

bel
reedu

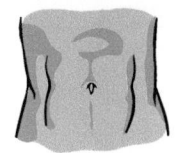

bogail
wudduru

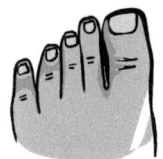

bys troed
feɗeendu

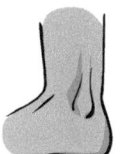

sawdl
njaaɓordi

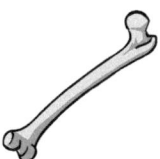

asgwrn
ÿiyal

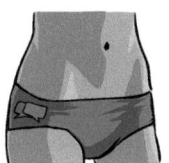

clun
buhal

pen-glin
hofru

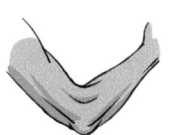

penelin
fooɲturu

trwyn
hinere

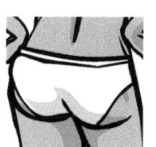

pen ôl
gaɗa

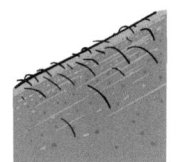

croen
nguru

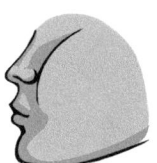

boch
aɓɓuko

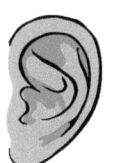

clust
nofru

gwefus
tondu

corff - bandu

ceg

hunuko

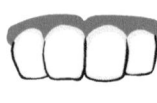

dant

ñiire

tafod

ɗemngal

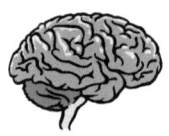

ymennydd

ngaandi

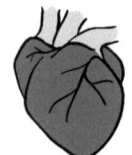

calon

bernde

cyhyr

ÿiye

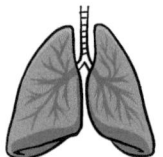

ysgyfaint

jofe

iau

heeñere

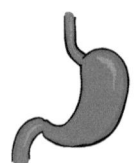

stumog

kuuse

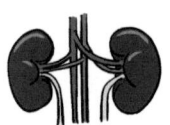

arennau

booÿe

rhyw

leldaade

condom

kawasal

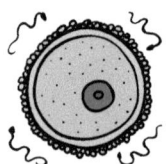

ofwm

boccoonde

semen

maniiyu

beichiogrwydd

cowagol

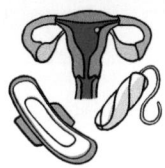

mislif
ella

fagina
kottu

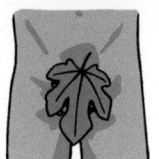

pidyn
soolde

ael
leebol yitere

gwallt
sukundu

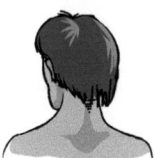

gwddf
daande

ysbyty
safrirdu

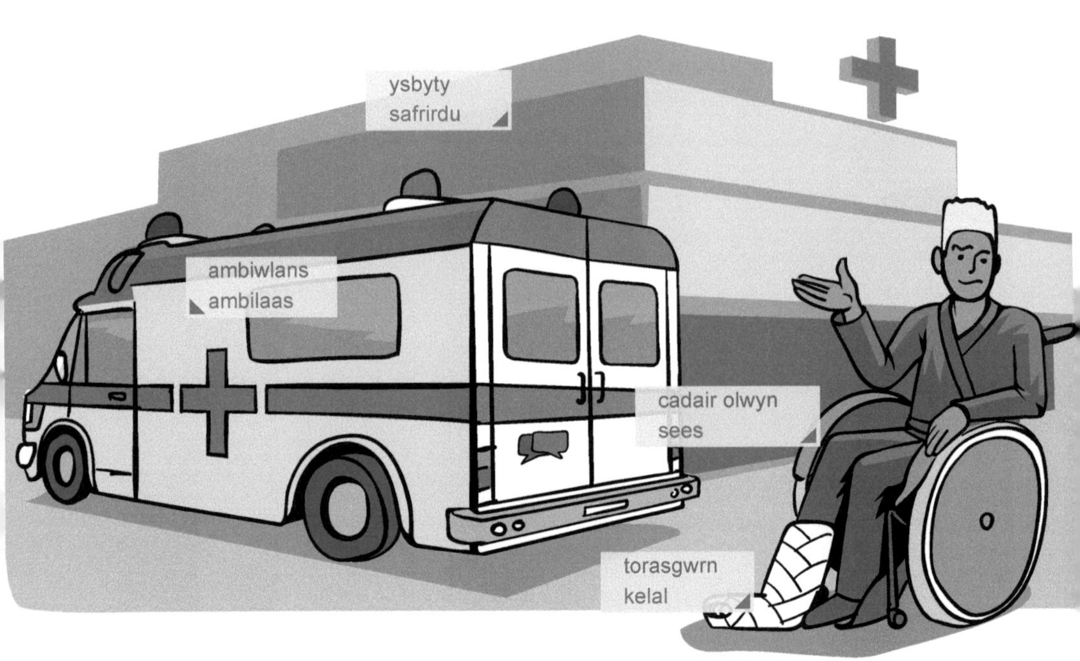

ysbyty
safrirdu
ambiwlans
ambilaas
cadair olwyn
sees
torasgwrn
kelal

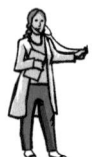

meddyg

cafroowo

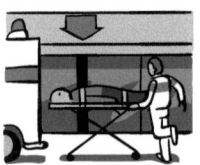

ystafell argyfwng

suudu heñaare

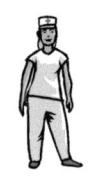

nyrs

debbo cafroowo

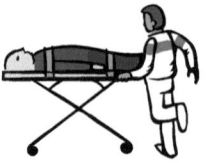

argyfwng

heñorde

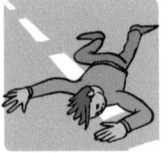

anymwybodol

wondaane hakkile

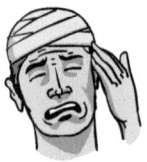

poen

muuseeki

anaf

gaañande

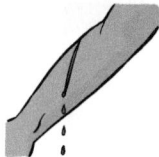

gwaedu

tuɗɗe ÿiiÿam

trawiad ar y galon

muuseeki ɓernde

strôc

piigol

alergedd

nefo

peswch

ɗojjude

twymyn

ɓandu wulooru

ffliw

pali

dolur rhydd

ndogu reedu

cur pen

hoore muusoore

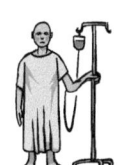

canser

kaaseer

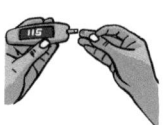

diabetes

jabett

llawfeddyg

oppiroowo

fflaim

jaggirdi

gweithrediad

oppeere

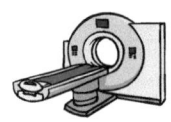

CT

CT

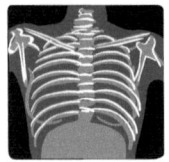

pelydr-x

buuɗi x

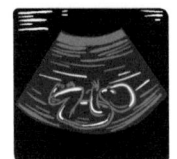

uwchsain

iltarasooŋ

mwgwd wyneb

huurirdu yeeso

clefyd

rafi

ystafell aros

heblorde

bagl

beeke

plastr

tabak

rhwymyn

bandaas

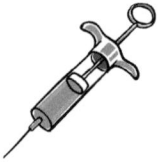

pigiad

pinggu

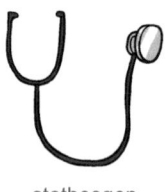

stethosgop

estetoskop

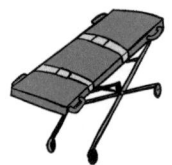

elorwely

pooɗoowo

thermomedr clinigol

termomeeter safrirdu

genedigaeth

jibinande

dros bwysau

buttiɗgol

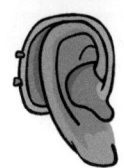

cymorth clyw

ballal nanirɗe

diheintydd

laɓɓinoowo

haint

raaɓo

firws

wiriis

HIV / AIDS

SIDAA

meddygaeth

lekki

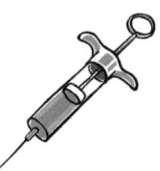

brechiad

ñakko

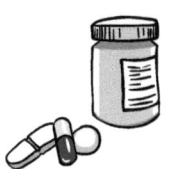

tabledi

poɗɗe

y bilsen

foɗɗere

galwad frys

noddaango heñiingo

monitor pwysau gwaed

ÿeewtorde yaadu ÿiiyam

yn sâl / yn iach

faawŋi / selli

Help!

Ballal

larwm

pindinoowo

ymosodiad

njangu

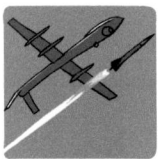

ymosodiad

raaŋande

perygl

boomre

allanfa argyfwng

yaltirde yaawnde

Tân!

Jeyngol

diffoddwr tân

ñifoowo jeyngol

damwain

aksida

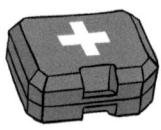

pecyn cymorth cyntaf

saawdu safaara gadano

SOS

SOS

heddlu

poliis

Ewrop

Orop

Gogledd America

Amarik Rewo

De America

Amarik Worgo

Affrica

Afirik

Asia

Aasi

Awstralia

Ostaraali

Iwerydd

Atalantik

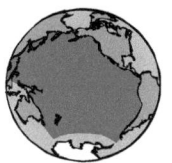

y Môr Tawel

Pasifik

Cefnfor yr India

Maayo Endo

Cefnfor yr Antarctig

Maayo Antarkatik

Cefnfor yr Arctig

Maayo Arkatik

Pegwn y Gogledd

Baŋe Rewo

Pegwn y De

Baŋe Worgo

Antarctica

Antarkatik

y Ddaear

Leydi

tir

leydi

môr

maayo

ynys

siire

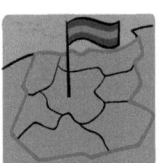

cenedl

wuro

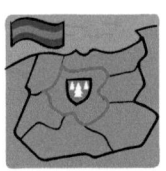

gwladwriaeth

laamu

wyneb cloc

yeeso waktu

bys awr

jungo waktu

bys munud

jungo hojoma

bys eiliad

jungo majaango

Faint o'r gloch yw hi?

hol waktu?

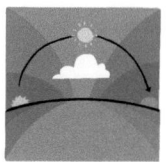

dydd

ñalawma

amser

saha

yn awr

jooni

cloc digidol

mantoor nattoowo

munud

hojoma

awr

waktu

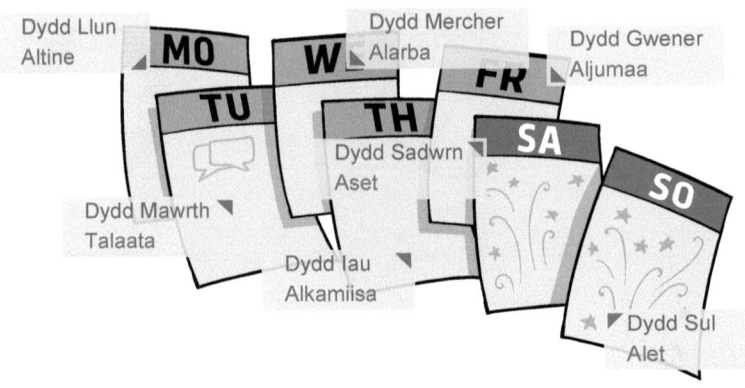

Dydd Llun
Altine

Dydd Mercher
Alarba

Dydd Gwener
Aljumaa

Dydd Mawrth
Talaata

Dydd Sadwrn
Aset

Dydd Iau
Alkamiisa

Dydd Sul
Alet

ddoe
hanki

heddiw
hande

yfory
jango

bore
subaka

canol dydd
ñalawma

noswaith
kikiiđe

diwrnodiau busnes
biir

penwythnos
ñalđi

blwyddyn
hitaande

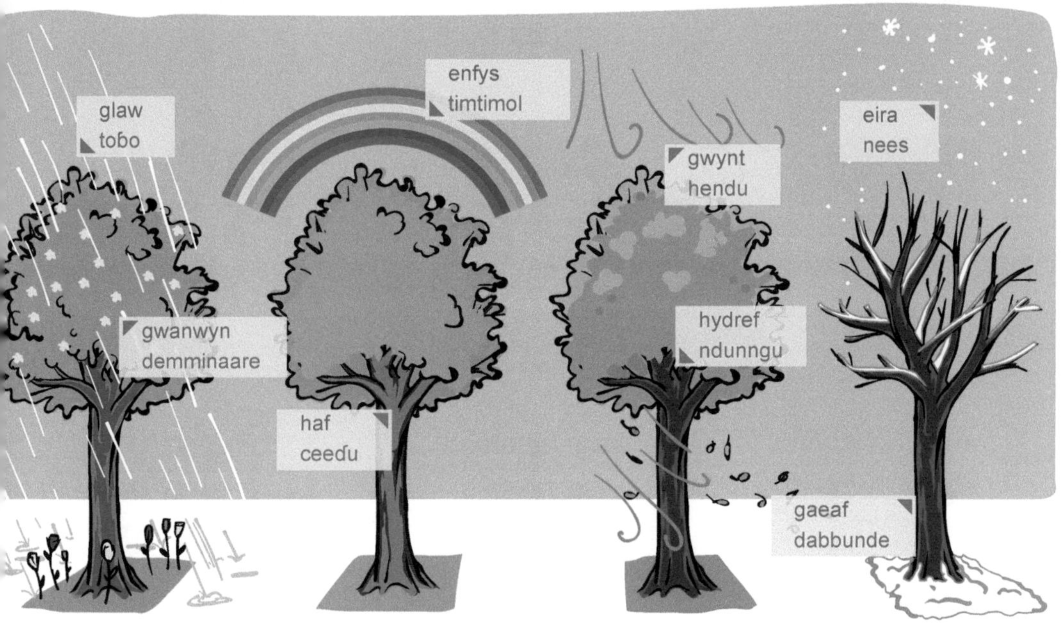
glaw
toɓo
enfys
timtimol
gwynt
hendu
eira
nees
gwanwyn
demminaare
hydref
ndunngu
haf
ceeɗu
gaeaf
dabbunde

4.APRIL 11°
5.APRIL 4°
6.APRIL 13°
7.APRIL 8°
8.APRIL 10°

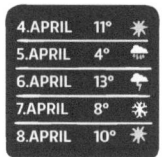

rhagolygon y tywydd

kabaaru weeyo

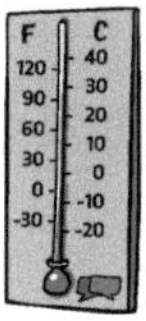
F C
120 40
90 30
60 20
30 10
0 0
-30 -10
-20

thermomedr

termomeeter

heulwen

naaŋini

cwmwl

ruulde

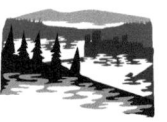

niwl tew

cuurki

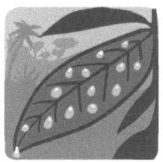

lleithder

uddeende

mellt

majje

taranau

gidaango

storm

hendu

cenllysg

huđđni

monsŵn

ruulđini

llif

waame

iâ

nees

Ionawr

Siilo

Chwefror

Colte

Mawrth

Mbooy

Ebrill

Seeđto

Mai

Duuyal

Mehefin

Korse

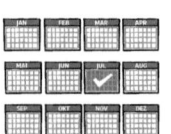

Gorffennaf

Morse

Awst

Juko

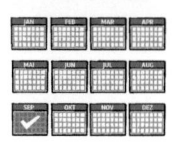

Medi
....
Siilto

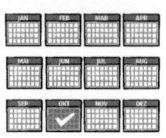

Hydref
....
Yarkoma

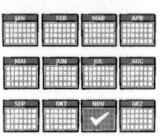

Tachwedd
....
Jolal

Rhagfyr
....
Bowte

siapiau
balli

cylch
....
taarto

sgwâr
....
yaajeendi

petryal
....
yaajo

triongl
....
saraandi

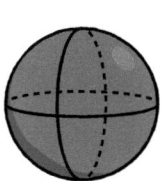

sffêr
....
mbiifu

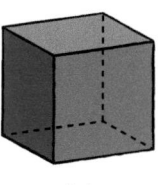

ciwb
....
kiibb

gwyn
daneejo

melyn
oolo

oren
oraas

pinc
roos

coch
boɗeejo

porffor
mboongu

glas
bulaajo

gwyrdd
werte

brown
cooyo

llwyd
puro

du
ɓaleejo

llawer / ychydig

heewi / seeɗa

dig / tawel

seki / deeyi

hardd / hyll

yooɗi / soofi

dechrau / diwedd

fuuɗorde / gasirde

mawr / bach

mawɗo / tokooso

llachar / tywyll

leeri / niɓɓiɗi

brawd / chwaer

maniraaɗo / miñiraaɗo

glân / budr

laaɓi / tunwi

gyflawn / anghyflawn

timmi / manki

dydd / nos

ñalawma / jamma

farw / yn fyw

maayi / wuuri

eang / cul

yaaji / faaɗi

bwytadwy / anfwytadwy

nano / nanotaako

drwg / caredig

boni / moÿÿi

llawn cyffro / diflasu

softi / yoomi

tew / tenau

ɓuttiɗi / sewi

cyntaf / olaf

adi / wattindi

cyfaill / gelyn

sehil / gaño

llawn / gwag

heewi / ɓolɗi

caled / meddal

muusi / weeɓi

trwm / ysgafn

teddi / hoyi

wedi newynnu / yn sychedig

heege / ɗomka

yn sâl / yn iach

faawŋi / selli

anghyfreithlon / cyfreithiol

wona laawol / laawol

deallus / twp

feerti / muddiɗi

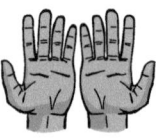

chwith / dde

nano / ñaamo

agos / pell

ɓatti / woɗɗi

newydd / wedi'i ddefnyddio

keso / kiiɗɗo

dim / rhywbeth

ndiga / huunde

hen / ifanc

nayeejo / suka

ymlaen / i ffwrdd

huɓɓi / ñifii

ar agor / ar gau

uditi / uddii

tawel / uchel

deeÿi / dille

cyfoethog / tlawd

alɗi / waasi

cywir / anghywir

goonga / fenaande

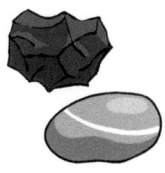

garw / llyfn

tiiɗi / nooyi

trist / hapus

metti / weli

byr / hir

raɓɓiɗi / juuti

araf / cyflym

leeli / yaawi

gwlyb / sych

leppi / yoori

cynnes / claear

wuli / ɓuubi

rhyfel / heddwch

hare / jam

0
sero
ndiga

1
un
gooto

2
dau
ɗiɗi

3
tri
tati

4
pedwar
nay

5
pump
joy

6
chwech
jeegom

7
saith
jeeɗiɗi

8
wyth
jeetati

9
naw
jeenay

10
deg
sappo

11
un deg un
sappoy goo

12

un deg dau

sappoy ɗiɗi

13

un deg tri

sappoy tati

14

un deg pedwar

sappoy nay

15

un deg pump

sappoy joy

16

un deg chwech

sappoy jeegom

17

un deg saith

sappoy jeeɗiɗi

18

un deg wyth

sappoy jeetati

19

un deg naw

sappoy jeenay

20

dau ddeg

noogaas

100

cant

teemedere

1.000

mil

ujunere

1.000.000

miliwn

miliyooŋ

Saesneg

Aŋale

Saesneg America

Aŋale Amarik

Tsieinëeg Mandarin

Mandare Siinaaɓe

Hindi

Hindi

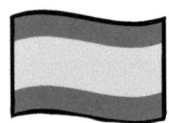

Sbaeneg

Españool

Ffrangeg

Farayse

Arabeg

Arab

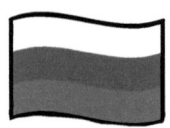

Rwseg

Riis

Portiwgaleg

Portigees

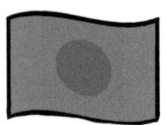

Bengali

Bengali

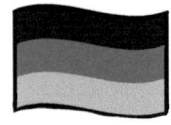

Almaeneg

Almaa

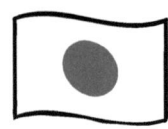

Siapanaeg

Sapponee

fi

miin

ti

an

ef / hi

kanko / kanko / kanum

ni

minen

chi

onon

nhw

kamɓe

pwy?

holoon?

beth?

holɗuum?

sut?

holnoon?

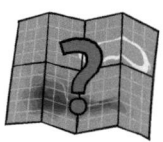

ble?

holtoon?

pryd?

mande?

enw

inde

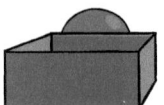

y tu ôl i

caggal

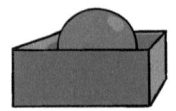

yn / yng / ym / mewn

nder

o flaen

sawndo

dros

dow

ar

e

dan

les

wrth ochr

sara

rhwng

hakkunde

lle

nokku